Ramdan Sukmawan

Actos de ameaça à face

Ramdan Sukmawan

Actos de ameaça à face

ScienciaScripts

Imprint

Cover image: www.ingimage.com

This book is a translation from the original published under ISBN 978-3-659-87156-6.

Publisher:
Sciencia Scripts
is a trademark of
Dodo Books Indian Ocean Ltd. and OmniScriptum S.R.L publishing group

120 High Road, East Finchley, London, N2 9ED, United Kingdom
Str. Armeneasca 28/1, office 1, Chisinau MD-2012, Republic of Moldova, Europe
Managing Directors: Ieva Konstantinova, Victoria Ursu
info@omniscriptum.com

Printed at: see last page
ISBN: 978-620-8-64002-6

PREFÁCIO

Alhamdulillahirabbil'alamin, louvado seja Alá, o Todo-Amoroso e Misericordioso, por ter concedido ao escritor uma bênção tão grande que lhe permitiu finalmente completar o seu primeiro livro impresso, intitulado "Actos que ameaçam a face". No entanto, ele sabe muito bem que, ao escrever, há a possibilidade de ficar imperfeito e ainda está longe de ser perfeito. Por isso, agradecemos as críticas progressivas de todos os lados.

Este livro é uma monografia que contém um relatório da sua investigação sobre Actos de Ameaça Facial em Wayang Golek. Em particular, o autor gostaria de agradecer a Carolyn Evans por o ter convidado a escrever o seu trabalho em num livro impresso. O autor agradece sinceramente a sua ajuda e preocupação com o seu trabalho de investigação. Sem o seu convite e as suas valiosas sugestões, a realização deste livro impresso não se teria tornado uma realidade.

Por último, o escritor dirige um grande agradecimento à sua esposa Irma Sofia Azizah pelo seu apoio e encorajamento e também ao seu filho Zidny Al Fayyadh, obrigado pelo seu sorriso encantador. Por último, o escritor expressa o seu agradecimento especial à sua querida mãe e ao seu pai pelo seu apoio e oração constante. Que Alá nos abençoe a todos, Amien.

ÍNDICE DE CONTEÚDOS:

Lista de abreviaturas e códigos de dados

Abreviaturas

DJR : Dawala Jadi Raja
SDK : Sayembara Dewi Kunti
SSJ : Sukma Sajati
TRS : Trijaya Sakti
CRI : Cepot Rarabi

Código de dados

(01/SSJ/PAKEM)

- PAKEM : Kind of Plot Story
- SSJ : Story Title
- 01 : Number of Data Dialogue

(01/DJR/SEMPALAN)

- SEMPALAN : Kind of Plot Story
- DJR : Story Title
- 01 : Number of Data Dialogue

CAPÍTULO 1

Introdução

1.1 Wayang Golek

O Wayang Golek é uma marioneta de madeira acionada por cordas ou por uma mão e numa central. Há uma barra de controlo que atravessa o corpo até à cabeça. O Wayang golek é um espetáculo de arte tradicional da cultura sundanesa, famoso na zona de Pasundan.

O wayang golek está vivo e desenvolve-se em Java Ocidental, particularmente na sociedade sundanesa. O wayang golek que está vivo e se desenvolve recentemente, no início era derivado do wayang kulit javanês. O wayang kulit é um espetáculo de tradição javanesa. O espetáculo é um boneco feito de pele de búfalo com um padrão delicado e o desenho é esculpido no couro por um marionetista.

De acordo com a história, a primeira origem da marioneta na Indonésia foi em Memenang, Kediri, Java Oriental, quando o rei Jayabaya reinava por volta de 840 d.C., tendo depois sido levada para Java Ocidental por *Sunan* Kudus (título dos homens santos que trouxeram o Islão para Java), localidade situada em Cirebon por volta de 1583 d.C. Foi Sunan Kudus que transformou *o wayang kulit* javanês em wayang golek (golek é um boneco tridimensional feito de madeira esculpida). A partir dessa altura, o wayang golek desenvolveu-se em toda a área de Pasundan, trazido pelos estudiosos do Islão como meio de divulgação do Islão (Suganda, 2003: 1).

O Wayang golek é uma tradição cultural artística herdada dos antepassados, que reflecte os valores da cultura oriental. A história das marionetas deriva da obra literária Ramayana e Mahabarata da Índia. A história do wayang tem uma sabedoria local que se torna uma orientação para a vida. Os valores da sabedoria local na história do wayang golek dizem geralmente a verdade ou o erro, a justiça e a fúria, o heroísmo, a honestidade, a trapaça, etc., que podem constituir uma lição valiosa. É demonstrado na estrofe sundanesa que é por vezes expressa pelo marionetista no espetáculo de wayang golek *"Eling-eling mangka eling rumingkang di bumi alam darma ukur wawayangan raga taya pangawasa hanas kasasar lampah napsu numatak kaduhung badan nu katempuhan."* A estrofe contém um valor filosófico que é compreendido, percebendo que se deve agir neste mundo porque a vida real parece ser como a história em wayang que não tem poder, e se der o passo errado, arrepender-se-á nos dias seguintes (Sukmawan, 2012: 2).

A história do wayang como meio de entretenimento é um dos espectáculos interessantes de ver e ouvir, porque está repleta de algo que entretém, como a piada que é proferida pelo titereiro no espetáculo de wayang golek. Além disso, as coisas para educar que têm valores morais, que guiam o ser humano para os valores da verdade, também preenchem as histórias em wayang golek. Outra coisa na história do wayang golek que existe frequentemente são os aspectos sociais que acontecem ou vivem e se desenvolvem na sociedade atual. Diz-se, neste caso, que o espetáculo de wayang golek é utilizado como meio de comunicação informativo para apresentar os problemas da vida, qualquer aspeto que aconteça numa vida real recente (Sukmawan, 2012: 3).

Uma conversa viva e natural falada por figuras de marionetas, embora num espetáculo de wayang golek seja uma conversa que se adequa ao seu contexto de utilização, que é semelhante à situação real de utilização da língua. Isso faz com que o wayang golek seja, de facto, uma fragmentação da vida humana. Topani (2013: 5-6) afirma que o aspeto educativo do espetáculo de wayang não está apenas na sua história, mas também na forma de uma imagem de cada wayang, que é a descrição das caraterísticas humanas. A maior parte das caraterísticas humanas básicas podem ser percebidas nas formas do rosto da marioneta, nomeadamente, a forma, a posição e a cor da marioneta.

No que respeita ao desenvolvimento do wayang golek, Suganda (2003: 2-3) afirma que os temas da história do wayang golek, desde o início até à atualidade, são mágico-mítico-religiosos e evoluíram para se tornarem mágico-mítico-religiosos-pedagógicos. Pode evitar-se que o wayang golek seja capaz de se tornar um meio de comunicação como propaganda ou uma educação direta da sociedade.

O enredo da história interpretada pelo marionetista no espetáculo de wayang golek é conhecido como *pakem* que tem uma história padrão, *carangan;* uma história fora do padrão, e *sempalan;* uma história mais fora do padrão (Kuning, 2011). Suganda (2003: 3-4) afirma que a compreensão integral do wayang golek não se limita apenas aos aspectos da história, mas depende de outros aspectos de apoio que fazem parte integrante do espetáculo de wayang golek. Para além dos aspectos físicos, como a escultura das marionetas, a decoração do palco e o corpo musical, há outro aspeto, nomeadamente: a utilização da linguagem pelo marionetista. Através de certas figuras, o marionetista utiliza a sua linguagem que foi adaptada a cada marioneta. Neste caso, a competência do marionetista em matéria de domínio da língua é determinada. Para escolher a variedade da linguagem a utilizar, o marionetista deve ver qual a figura que está a falar, a que nível se encontra e em que situação. Estas coisas no campo do marionetista são chamadas de *antawacana.*

A língua antawacana é normalmente utilizada nos espectáculos de wayang golek, que é uma língua sundanesa que se mistura com a língua javanesa (antigo javanês) e a língua *kawi.* Há duas línguas sundanesas normalmente utilizadas, nomeadamente o sundanês quotidiano ou *prosais* e o sundanês *siloka* ou proverbial ou poético. Para além do sundanês quotidiano e do sundanês de provérbios, existe também um nível de polidez linguística *(undak usuk basa)* antawacana. Mas o nível divide-se em três: polidez antawacana, médio antawacana e rudimentar antawacana (Rusliana, 2002: 160-162).

O espetáculo Wayang golek é apoiado por uma variedade de aspectos artísticos, entre os quais: dança, voz, música, escultura, letras, especialmente letras faladas. As letras faladas são utilizadas através do guião do marionetista e do diálogo da história da figura que se apresenta num espetáculo. Estes aspectos estão ligados numa unidade completa, tornando-se numa peça de arte tradicional. Embora o wayang
O golek é uma obra de arte, o espetáculo de wayang golek é totalmente diferente de outros espectáculos. A diferença reside no marionetista e na sua função num espetáculo de marionetas. O marionetista funciona como ator, diretor, organizador de cenas e até controla todo o espetáculo. Por outras palavras, estas coisas não são válidas para outras peças (Suganda, 2003:2).

O espetáculo Wayang Golek, cuja história é interessante de ouvir, é definitivamente apresentado pelo marionetista no diálogo falado das figuras de marionetas. O marionetista dá vida às personagens através das palavras proferidas pelas figuras das marionetas no diálogo de conversação. Os diálogos de conversação assumem a forma de actos de fala proferidos pelas figuras das marionetas. Um dos enunciados é a expressão de actos de ameaça facial. Este livro estuda a expressão utilizada pela figura da marioneta ao fazer actos negativos e positivos de ameaça facial ao ouvinte e as suas implicações.

1.2 A investigação sobre o Wayang Golek

A investigação sobre o wayang golek é raramente realizada até à data, apesar de o estudo do wayang golek se ter tornado um tema de discussão. As coisas que se relacionam com os aspectos linguísticos são mais estudadas na forma de letras de arte do que na forma linguística. Suganda (2003) começou a estudar o discurso do *wayang golek purwa* e, em 2007, continuou a estudar o wayang golek no uso do conceito de rosto no discurso do wayang golek. Além disso, a investigação recente sobre actos de fala em wayang golek foi conduzida por Sukmawan (2014). Ele estuda actos de fala de recusa no espetáculo wayang golek.

Falando da investigação sobre wayang golek conduzida por Suganda, ele discute o mecanismo do marcador de redução para apoiar a coesão e coerência do discurso, os princípios de cooperação na conversação, os princípios de polidez e a implicação pragmática. O estudo da interação da conversação completa a sua investigação para analisar o mecanismo da conversação, especialmente a composição dos actos de fala na gestão da conversação por turnos e a utilização de padrões na gestão da topicalização.

A sua investigação mostra que (1) um comportamento redutor decora a conversação no discurso wayang golek e os marcadores utilizados são a substituição e a delecção, (2) a redução pode implicar humor se o significado de referência pressupor que não é natural, (3) a cooperação e a quebra de máximas no princípio da cooperação, no princípio da polidez e noutros mecanismos de decoração de polidez do discurso wayang golek, a cooperação forma um discurso cooperativo, enquanto a quebra de máximas forma um discurso não cooperativo, antinatural e indelicado, a indelicadeza pode implicar a criação de humor, os diálogos que são proferidos pelas figuras da sociedade de baixo nível formam frequentemente uma conversa antinatural e quebram o princípio da cooperação e o princípio da polidez, e (4) no mecanismo de interação da conversa em movimento, a partir de 53 amostras de cenas de conversa; 5 cenas de conversação têm um único tópico, 20 cenas de conversação têm um tópico duplo e 28 cenas de conversação têm um tópico pouco claro.

A investigação seguinte de Suganda (2007) sobre actos de fala em wayang golek é a utilização do conceito de rosto. A sua investigação estuda a utilização do conceito de face para formar o discurso de actos de fala educados, um discurso padrão, e a quebra da implicação do conceito de face no discurso do wayang golek. A sua investigação mostra que o uso do conceito de face no wayang golek é formado por conceitos de face positivos e negativos. O conceito de face positiva manifesta-se sob a forma de participações através de (1) reparar, atender aos desejos e bens do ouvinte, (2) utilizar palavras que mostrem igualdade de identidade, (3) evitar disputas de opinião, (4) prever os desejos do ouvinte e (5) fazer uma piada. O conceito de face negativa manifesta-se sob a forma de (1) cobertura, (2) mostrar-se pessimista, (3) pedir desculpa, (4) não falar com uma determinada pessoa, e (5) reconhecer-se profundamente em dívida para com outro participante. A utilização do conceito de face no Wayang Golek também forma faces positivas e negativas de actos de fala de cortesia e cooperação. Pelo contrário, a quebra do conceito de face provoca actos de fala indelicados e uma relação desarmónica entre as figuras das marionetas. A quebra também implica o humor.

Uma investigação recente relacionada com actos de fala em wayang golek foi realizada por Sukmawan (2014), que estuda a forma de actos de fala de recusa relacionados com a personalidade da figura, o tipo de actos de fala de recusa, a estratégia de recusa de polidez e a realização da estratégia de recusa no espetáculo de wayang golek.

Os resultados da sua investigação são os seguintes: (1) vinte formas de actos de fala de recusa, dezasseis actos de fala de recusa usados pela figura da marioneta, têm uma relação estreita com os seus personagens, (2) o tipo de actos de fala de recusa que é usado pela figura da marioneta são seis actos de fala de recusa do tipo assertivo, cinco diretivos, dois comissivos, seis expressivos, (3) a estratégia de recusa de polidez utilizada pela figura de fantoche para fazer a recusa é a estratégia "careca no registo", a estratégia de polidez positiva, a estratégia "fora do registo" e "não fazer o FTA", e a realização da estratégia de recusa da figura é feita com quatro, duas e uma estratégia de recusa.

Ao estudar algumas investigações efectuadas, os aspectos pragmáticos do wayang golek tornam-se um estudo. Isto deve-se ao facto de a pragmática se centrar mais no estudo de um fator externo da língua. Significa como é o uso da língua numa comunicação real. No wayang golek, o mecanismo de um significado linguístico envolve os factores externos da língua.

CAPÍTULO 2

Contexto teórico

2.1 Pragmática

O termo pragmática tem definições diferentes. No entanto, o objetivo é referir-se ao estudo do uso da língua que reflecte uma realidade. Numa realidade, os utilizadores da língua não utilizam apenas a língua em si, mas consideram também outros elementos fora do contexto linguístico.

A pragmática é reconhecida desde a vida de Charles Morris. A ideia de Morris baseou-se nos filósofos que o precederam, Charles Sanders e John Locke, que estudaram o signo e o símbolo. Para os filósofos, Morris distinguiu três ramos distintos de investigação: a sintáctica (ou sintaxe), sendo o estudo da "relação formal dos signos entre si", a semântica, o estudo das "relações dos signos com os objectos aos quais os signos se aplicam" (a sua designação), e a pragmática, o estudo da "relação dos signos com os intérpretes" (Levinson, 1983: 1).

Além disso, Austin (1962) desenvolveu a pragmática e depois Searle (1969) desenvolveu a teoria pragmática que estudou a partir de Austin. Para ser claro, há algumas definições de pragmática ditas por linguistas que estudam a pragmática.

Levison (1983: 9) define a pragmática como o estudo das relações entre a língua e o contexto gramaticalizado, ou codificado na estrutura de uma língua. O contexto é um aspeto dependente do contexto da estrutura da língua.

É diferente de Leech, que compara a pragmática com outros ramos da linguística. De acordo com Leech (1983: 12), a fonologia, a sintaxe e a semântica fazem parte da gramática. Mas a pragmática faz parte do uso da língua. Leech afirma que a pragmática pode integrar-se na gramática, tal como a fonologia, a morfologia e a sintaxe através da semântica. De acordo com Leech, na realidade, nem sempre a pragmática se pode integrar na gramática através da semântica. Mas, por vezes, por exemplo, a fonologia pode integrar-se na pragmática sem passar primeiro pela semântica, porque muitas vezes está diretamente relacionada com a utilização da língua na comunicação prática.

Em relação ao que foi dito por Levinson e Leech, Yule (1966: 133) afirmou que a pragmática é o estudo das relações entre as formas linguísticas e os utilizadores dessas formas. A pragmática estuda o significado do enunciado a partir do contexto de fundo do enunciado. O contexto ajudará a definir os significados pretendidos pelo enunciado. No entanto, há uma diferença no significado. Citando o que diz Suganda (2003: 56), a pragmática centra-se mais no estudo do significado do enunciado, o discurso centra-se no estudo do significado do contexto e a semântica centra-se mais no estudo do significado da frase. Por conseguinte, é evidente que existe uma diferença no estudo do significado. A pragmática é mais especializada no estudo do significado do enunciado e o significado em contexto é estudado pelo discurso.

Mey (1996: 42) diz que a pragmática é o estudo das condições de uso da linguagem humana, uma vez que estas são determinadas pelo contexto da sociedade. Os contextos são o contexto social e o contexto societal. O contexto social aparece como o resultado da interação entre os membros da sociedade numa sociedade social e numa determinada cultura e o contexto societal é determinado pela posição dos membros da sociedade nas instituições sociais que existem na sociedade social e numa determinada cultura. Por conseguinte, a causa do contexto societal é o poder e o contexto social é a solidariedade.

Para além disso, Wijana (1996: 1) mencionou que a pragmática é um ramo da linguística que estuda a estrutura externa da língua e a forma como esta é utilizada na comunicação. Verhaar faz a mesma afirmação sobre a pragmática. Verhaar (1999: 14) explicou que a pragmática é o ramo da linguística que discute o que é a estrutura da língua como meio de comunicação entre o falante e o destinatário e como um sinal de referência extralinguístico da língua. Os dois linguistas concordam que o uso da língua na comunicação é um dos domínios da pragmática.

A partir de algumas definições expressas por especialistas em pragmática, existem definições diferentes para compreender o domínio de uma verdadeira pragmática. Mas, refere-se ao estudo do uso real da língua na estrutura da língua na comunicação entre o falante e o destinatário. A pragmática estuda o significado de um orador ao proferir um discurso numa língua. Neste caso, a pragmática, de facto, estuda um significado linguístico que é quase o mesmo que a semântica. No entanto, a diferença é que a pragmática estuda uma língua externamente, enquanto a semântica estuda uma língua internamente. O que significa que o estudo da pragmática está ligado à situação e ao contexto, ao passo que o significado da semântica é independente, ou seja, está separado da situação e do contexto. A semântica trata o significado como uma relação diádica, enquanto a pragmática trata o significado como uma relação triádica. A pragmática estuda a forma da língua para compreender o significado do falante, enquanto a semântica estuda a forma da língua para compreender um significado linguístico.

Independentemente de diádico e triádico em linguística, o primeiro significado é formulado pela pergunta "O que significa X?", enquanto o segundo significado é formulado pela pergunta "O que quis dizer com X?" (Leech, 1983: 6).

Com base na explicação da pragmática, o autor considera que a pragmática é uma linguística que estuda o uso da língua pelo falante e pelo destinatário num evento de discurso com o seu contexto de fundo. Isto significa que o significado do discurso na pragmática necessita de conhecimento do significado do discurso e da sua relação com a estrutura da língua, como é o contexto da relação do discurso.

1.2 Conceito de rosto

Basicamente, o ser humano quer ser respeitado. A atitude de respeito pode ser vista quando o ser humano interage na comunicação. Mas, muitas vezes, é na fala que o orador ou o ouvinte se sentem desrespeitados. O desejo de respeitar é designado por desejo de face (Brown e Levinson, 1987).

Em geral, o participante precisa de manter a sua face porque alguns tipos de actos ameaçam a face. A ameaça à face ocorrerá se o falante e o ouvinte não prestarem atenção ao aspeto da cortesia linguística. Significa fazer perder a face ou sentir-se envergonhado ou insultado.

Suganda (2007: 250) diz que o conceito de face faz parte do princípio da polidez que oferece uma forma diferente adequada ao evento do discurso. Numa dada altura, a face pode ser um professor, um amigo próximo, um inimigo e outros papéis que se encontram frequentemente na vida. O participante deve compreender e interpretar as palavras ditas pelo ouvinte com base no rosto que oferece.

Widdowson (1976: 263) explica que o conceito de face é mais do que a relação entre as personalidades dos participantes. Os participantes devem preocupar-se com a face que é oferecida, porque esta terá influência na relação entre os participantes. Na sua realização, a face oferecida é implementada pela face positiva e pela face negativa. A face positiva é uma estratégia que mostra uma relação de solidariedade estreita entre o falante e o ouvinte, enquanto a face negativa é uma estratégia para evitar uma ameaça ou uma liberdade do participante que é perturbada por outro participante.

O conceito de face também é importante e está relacionado com a polidez linguística. Brown e Levinson (1987: 61) definem 'face' como a autoimagem pública que cada membro quer reivindicar para si próprio, consistindo em dois aspectos relacionados:

(i) Face negativa: a reivindicação básica de territórios, reservas pessoais, direitos de não distração - ou seja, de liberdade de ação e de não imposição.

(ii) Face positiva: a autoimagem ou "personalidade" positiva e consistente (incluindo, de forma crucial, o desejo de que essa autoimagem seja apreciada e aprovada) reivindicada pelos interagentes

Por outras palavras, a face negativa é o desejo do indivíduo de não ser prejudicado pela outra parte, enquanto a face positiva é o desejo do indivíduo de ser aceite pela outra parte. Brown e Levinson (1987: 65-68) afirmam que o conceito de face é universal. Basicamente, há um tipo de actos que são potencialmente ameaçadores, chamados actos de ameaça à face (AAF). Os actos de ameaça à face dividem-se em actos de ameaça negativa à face e actos de ameaça positiva à face do destinatário. Os actos que ameaçam a face negativa do destinatário são

(iii) expressões de ordens e pedidos, sugestões, conselhos, lembretes, ameaças, avisos, desafios, ofertas, promessas, elogios, (iv)expressões de inveja ou admiração, e expressões de emoções fortes (negativas) em relação ao ouvinte - por exemplo, ódio, raiva e luxúria.

Os actos que ameaçam a face positiva do destinatário são

(i) expressões de desaprovação, crítica, desprezo ou ridicularização, queixas e repreensões, acusações, insultos, contradições ou desacordos, desafios,

(ii) expressões de emoções violentas (fora de controlo), irreverência, menção de temas tabu, incluindo os que são inapropriados no contexto, trazer más notícias sobre o ouvinte, ou boas notícias (vangloriar-se) sobre o orador, levantar tópicos perigosamente emocionais ou divisivos, por exemplo, política, raça, religião, libertação das mulheres, não cooperação flagrante numa atividade - por exemplo, interromper de forma perturbadora a conversa do ouvinte, fazer perguntas não sequenciais ou mostrar falta de atenção, e uso de termos de endereço e outros estatutos - identificação marcada em encontros iniciais.

Falando de expressões que ameaçam a face negativa e a face positiva, os actos de ameaça à face no Wayang Golek também são revelados por Sukmawan (2014). Ele afirma que as recusas também podem ameaçar a face negativa do destinatário. Para minimizar o ato de ameaça à face, a figura de marioneta no Wayang Golek utiliza algumas estratégias de recusa ao destinatário.

2.3 Contexto

O termo contexto é utilizado para designar o interlocutor, o local e o momento em que o discurso é proferido, o objetivo ou o significado do discurso que deve ser pressuposto num processo de interação e comunicação. Para que fique claro, independentemente do contexto, alguns linguistas expressaram a sua opinião sobre o significado do contexto.

Independentemente do contexto, Mey (1996: 181) mencionou dois termos de contexto: cotexto e contexto. O cotexto refere-se ao âmbito dos enunciados individuais que constituem o texto e o contexto considera esses enunciados no seu "habitat" natural, em que as pessoas utilizam a língua, nomeadamente para efeitos de conversação. Por conseguinte, o contexto não se refere apenas à expressão verbal, que é o contexto linguístico chamado cotexto, mas também se refere a alguns que existem no aspeto extralinguístico como contexto não linguístico, que é chamado contexto.

É diferente de Wijana (1996: 11) que explica mais claramente o que significa contexto em pragmática. Segundo ele, o contexto na pragmática é todo o conhecimento de fundo que pode ser compreendido pelo falante e pelo ouvinte.

A pragmática é um estudo da linguagem cuja análise se baseia no contexto. Esse contexto significa todo o conhecimento de base a ser partilhado pelo falante e pelo ouvinte num evento de fala. Leech (1983: 13-14) afirmou que a pragmática estuda o significado em relação à situação de discurso, a referência a um ou mais dos seguintes aspectos da situação de discurso será um critério.

1. Endereçadores ou destinatários

Os destinadores e os destinatários seguem a prática de Searle (1969), por uma questão de conveniência, como *s* ('speaker') e *h* ('hearer'). Estas abreviaturas serão utilizadas para designar 'falante(s)/escritor(es)' e 'ouvinte(s)/leitor(es)'. Assim, o uso das abreviaturas *s* e *h* não restringe a pragmática à língua falada.

2. O contexto de um enunciado

O contexto tem sido entendido de várias formas, por exemplo, como incluindo aspectos "relevantes" do ambiente físico ou social de um enunciado. O contexto pode ser qualquer conhecimento de base que se presuma ser partilhado pelo falante e pelo ouvinte e que contribua para a interpretação do ouvinte sobre o que o falante quer dizer com um determinado enunciado.

3. O objetivo de um enunciado

Quando se fala de um objetivo ou função de um enunciado, prefere-se falar do seu significado pretendido ou da intenção do locutor ao proferi-lo. O termo "objetivo" é mais neutro do que "intenção", porque não obriga o seu utilizador a lidar com a volição consciente ou com a motivação, mas pode ser utilizado em geral para actividades orientadas para um objetivo.

4. O enunciado como uma forma de ato ou atividade: um ato de fala

A pragmática trata dos actos ou desempenhos verbais que têm lugar em situações particulares, no tempo. Neste aspeto, a pragmática lida com a linguagem a um nível mais concreto do que a gramática.

5. O enunciado como produto de um ato verbal

A palavra enunciado pode ser usada em pragmática: pode referir-se ao produto de um ato verbal, em vez de se referir ao próprio ato verbal. O significado de um enunciado pode ser considerado como uma tentativa de reconstruir o ato, considerado como uma comunicação orientada para um objetivo, que o falante pretendia realizar ao produzir o enunciado.

É diferente de Halliday (1989), que afirma que o contexto é um aspeto extralinguístico que consiste no contexto do enunciado, no contexto da cultura e no contexto do referente. O contexto de enunciação é um contexto de discurso que pode ser situação, local e tempo, ferramenta, condição, género. O contexto de enunciação é explícito, enquanto o contexto de cultura e o contexto de referência são implícitos. O contexto implícito abrange a situação, física e social, enquanto o contexto explícito abrange o contexto linguístico e extralinguístico.

Halliday (1989) considera a língua como um instrumento no processo de comunicação. Na linguagem, a comunicação envolve o contexto, o texto e o sistema linguístico. O texto é algo que tem um registo. O registo do texto é afetado pelo contexto. Há dois tipos de contexto, nomeadamente o contexto cultural e o contexto situacional. O contexto de cultura consiste em qualquer tipo de texto que é utilizado pela sociedade para comunicar. O contexto de situação é o contexto que influencia qualquer tipo de opção do orador, entre outras: campo, teor e modo.

O contexto que suporta o significado do discurso ou do enunciado é situacional. A situação tem uma relação estreita com o ato de fala. Hymes (in Hall, 2002: 143) tenta abreviar com o termo que define como componente do discurso, ou seja, SPEAKING são os seguintes:

Situação, incluindo o ambiente físico e temporal e a cena e a sua definição cultural específica;

Participantes, incluindo as suas identidades em termos de idade, género, etnia, estatuto social e outras caraterísticas relevantes, bem como os seus papéis, relações e responsabilidades enquanto participantes no evento;

Fins ou resultados do evento e objetivo do grupo e do participante individual;

Actos que constituem o acontecimento, incluindo a sua forma, conteúdo e disposições sequenciais;

Chave ou tom subjacente ao acontecimento, por exemplo, se é humorístico, sério ou lúdico;

Instrumentos utilizados para relatar o acontecimento, incluindo o código, por exemplo, que língua ou que variedade linguística, e o canal, por exemplo, se é realizado por meios vocais ou não vocais (por exemplo, oral ou escrito) e verbais ou não verbais (por exemplo, caraterísticas prosódicas ou movimentos corporais);

^*formas* de interação e interpretação do comportamento linguístico, incluindo padrões de tomada de vez;

Género com o qual o acontecimento está mais intimamente associado, por exemplo, contar histórias, mexericos, piadas, palestras, entrevistas, etc.

A partir de algumas definições de contexto acima mencionadas pela lingusit, o contexto refere-se a um entendimento entre o orador e o destinatário sobre o conhecimento, a experiência, o que é pressuposto, a situação, o tempo e o lugar, ou todos os antecedentes que se relacionam com o conhecimento do orador e do destinatário. O contexto numa comunicação mais vasta refere-se não só ao contexto da situação, mas também ao contexto da cultura, que consiste em qualquer tipo de texto utilizado pela sociedade para comunicar na sua interação.

2.4 Implicação

O termo implicatura é usado por Grice para dar conta do que o falante pode insinuar, sugerir ou significar, em oposição ao que o falante diz literalmente (Brown e Yule, 1983: 31). A implicatura deriva do verbo 'implicar', tal como o seu cognato 'implicação'. O verbo deriva do verbo latino *plicare*, que significa 'dobrar'. Etimologicamente, 'implicar' significa 'dobrar algo noutra coisa'; assim, aquilo que está implícito, está 'dobrado', e tem de ser 'desdobrado' para ser compreendido (Mey, 1993:99).

Para compreender o que o falante quer dizer, o ouvinte deve sempre interpretar os enunciados do falante. Não é diferente da opinião de Leech (1983: 30), que afirma que interpretar um enunciado é, em última análise, uma questão de adivinhação ou (para usar um termo mais digno) de formação de hipóteses.

Toda a compreensão implica alguma adivinhação qualificada em função do contexto, ou seja, das circunstâncias desta questão específica, da pessoa envolvida na situação, dos antecedentes dessas pessoas, etc. E quanto mais soubermos sobre este contexto, mais bem fundamentadas serão as nossas "conjecturas" (Mey, 1996:102). A resposta *"É algures em abril"* a uma pergunta *"Quando é o aniversário da tia Rose?"* implica que *"a única coisa de que o falante se lembrava sobre o aniversário da tia era o mês em que ocorria, e o falante não sabia honestamente se era no início, no meio ou no fim do mês"*. Portanto, nessa situação, a resposta
A resposta a uma pergunta ainda é relevante, mas o falante só se lembra do mês e não da data do aniversário da tia Rose ou não tem a certeza se o aniversário foi no início, no meio ou no fim do mês (Leech, 1983: 30-31).

A implicação de um enunciado também pode ser formada a partir das palavras que são usadas pelo falante, por exemplo, o uso de *some* dan *all.* Consideremos o exemplo que é adaptado de Leech (1983: 85). A frase *"Alexandra comeu algumas das passas"* pode ser interpretada como se Alexandra não tivesse comido todas as passas, mas apenas parte delas. A partir do enunciado, o destinatário compreende que as passas ainda estão presentes, devido ao uso de *algumas* e não *de todas.*

A compreensão da implicatura é necessária na discussão pragmática, mesmo Levinson (1983: 97) menciona que a implicatura é uma das ideias mais importantes na pragmática.

A implicatura fornece uma explicação explícita de como é possível significar mais do que aquilo que é efetivamente 'dito'. O conceito de implicatura parece oferecer algumas explicações funcionais significativas de factos linguísticos. O exemplo que lhe é dado é o da resposta a um pedido de informação sobre as horas *"Pode dizer-me as horas?"* e a resposta é *"Bem, o leiteiro já chegou"*. A resposta dada pelo locutor não parece ser relevante para o pedido de informação sobre as horas. No entanto, a resposta do locutor, na verdade, quer dizer que não sabe exatamente que horas são. O locutor espera que o destinatário possa prever que horas são ao dizer "o leiteiro chegou". Neste contexto, parece que o locutor e o destinatário sabem a que horas o leiteiro costuma vir.

A implicatura conversacional é um aspeto importante a ser compreendido no contexto da conversação quotidiana, porque um enunciado que implica algo não pode ser compreendido utilizando uma lógica formal. Por conseguinte, para se poder compreender a implicatura conversacional é necessário o conhecimento do contexto do evento de fala, porque o significado que implica não está ligado semanticamente ao significado da palavra.

CAPÍTULO 3

Metodologia

Esta investigação utiliza o método qualitativo para compreender os fenómenos, especialmente o elemento de actos de ameaça facial no wayang golek. A investigação envolve uma atividade ontológica. Os dados recolhidos são palavras, frases ou descrições sobre algo, que têm mais significado do que o número ou a frequência (Sutopo, 2002).

Segundo Sudaryanto (1992: 62-64), os conceitos de método na investigação dividem-se em três: descritivo, comparativo e estrutural. Com base no objeto de investigação que é estudado, o autor aplica o conceito de método descritivo, que é conduzido através da observação do facto linguístico nas expressões de actos ameaçadores do rosto no wayang golek. A descrição da linguagem falada não é vista como verdadeira ou falsa no uso da linguagem na história do wayang golek, mas é analisada como ela é.

2.1 Técnica de investigação

Método e técnica são duas coisas diferentes. Sudaryanto diz (1993: 13) que "método e técnica são dois conceitos diferentes, mas têm uma relação direta um com o outro. Ambos são formas de esforço. O método é uma forma que deve ser conduzida, a técnica é uma forma de conduzir um método. Como método, a técnica é determinada pela ferramenta que é utilizada".

A preparação dos dados significa que os dados fornecidos são garantidos pela sua validade. Sudaryanto (1993: 132-133) classifica o método de preparação de dados em dois: *metode simak* e *metode cakap* e também a técnica, conforme a explicação distinguida com base na etapa de utilização, nomeadamente a técnica básica e a técnica avançada.

Nesta investigação, o autor aplica o metode simak como preparação de dados, ouvindo o uso da linguagem, especialmente em actos de ameaça facial na história do espetáculo wayang golek. A técnica de preparação de dados nesta investigação divide-se em técnica básica e técnica avançada. As técnicas de preparação de dados são as seguintes

1. Tecnologia Sadap
   Teknik sadap é uma técnica básica que consiste em ouvir a conversa das figuras de marionetas na história de wayang golek para obter dados de expressão falada que ameaçam a face negativa e a face positiva.
2. Teknik Rekam
   A Teknik rekam é uma técnica avançada que consiste em gravar a conversa das figuras de marionetas na história do wayang golek para obter a descrição ou uma explicação clara sobre as expressões das figuras de marionetas que consistem na

situação e no comportamento das figuras de marionetas como objeto de estudo através da utilização de uma ferramenta de gravação.

3. Tecnologia Catat

   A técnica catat é também uma técnica utilizada para anotar o que as figuras de marionetas proferiram na conversa da história de wayang golek, para encontrar os dados do enunciado de actos negativos e positivos de ameaça à face. O diálogo das figuras de marionetas na história de wayang golek é escrito sob a forma de transcrição de texto, quer seja em palavras, frases, cláusulas ou sentenças.

2.2 Técnica de análise de dados

O método utilizado na análise dos dados divide-se em dois, nomeadamente o *metode padan* e *o metode agih.* O metode padan, um determinante, é um aspeto extralinguístico. Este método distingue-se em cinco tipos com base num meio determinante. O primeiro tipo, um determinante é um referente linguístico, o segundo tipo, um determinante é um órgão da forma linguística, o terceiro tipo, um determinante é outra língua, o quarto tipo, um determinante é um escrito, e o quinto tipo, um determinante são pessoas que se tornam o destinatário (Sudaryanto, 1993).

O método utilizado nesta investigação é o metode padan, segundo o qual um determinante é um aspeto extralingístico, fora da linguagem e não faz parte dessa linguagem. Isto significa que se alguém decidir que uma frase falada ou um enunciado falado tem uma reação de uma determinada ação por parte do destinatário, as pessoas estarão no quadro do quinto tipo de metode padan, ou seja, um determinante é um destinatário. Por conseguinte, a etapa de análise dos dados tem caraterísticas pragmáticas (Sudaryanto, 1993).

2.3 A apresentação dos resultados da análise de dados

De acordo com Sudaryanto (1993: 145), a etapa de apresentação dos resultados da análise de dados consiste em duas: informal e formal. O método de apresentação informal é formulado por palavras, enquanto a apresentação formal é formulada por sinais, símbolos e diagramas. Ao apresentar o resultado da análise de dados, o autor aplica a apresentação informal. O resultado da análise de dados é descrito tecnicamente por palavras.

2.4 Fonte de dados

A fonte de dados utiliza um disco de vídeo da história *pakem* e *sempalan* no espetáculo wayang golek. A história do pakem é Sukma Sajati (SSJ), Sayembara Dewi Kunti (SDK), Trijaya Sakti (TRS), e a do sempalan é Dawala Jadi Raja (DJR) e Cepot Rarabi (CRI). O fantoche é o Asep Sunandar Sunarya.

Os dados principais fazem parte do diálogo das figuras de marionetas, que consiste na expressão das figuras de marionetas na história do espetáculo wayang golek, que contém as expressões de actos ameaçadores do rosto. Em seguida, os dados principais do resultado da gravação do diálogo das figuras de marionetas são escritos sob a forma de transcrição, na medida em que se obtêm os dados que consistem no texto do diálogo das figuras de marionetas. Estes dados são finalmente utilizados e transformam-se num estudo.

CAPÍTULO 4

Actos de ameaça à face e suas implicações

4.1 Actos de ameaça facial negativa e suas implicações

Os actos de ameaça à face negativa que são discutidos são as expressões de ordem e pedido, sugestão, conselho, ameaça, oferta, promessa, elogio, expressão de forte emoção de ódio e raiva em relação ao ouvinte. No que diz respeito à descoberta de actos de ameaça facial negativa na investigação, a tabela seguinte apresenta os resultados:

Tabela 1. Actos de ameaça facial negativa

No	Negative Face Threatening Acts	(N)
1	Order	2
2	Request	6
3	Suggestion	2
4	Advice	2
5	Threat	4
6	Offer	2
7	Promise	2
8	Compliment	1
9	Expression of strong emotion of hatred	2
10	Expression of strong emotion of anger	5
Total		28

A tabela 1 acima mostra a descoberta de actos de ameaça negativa à face que consistem em duas expressões de ordem, seis pedidos, duas sugestões, dois conselhos, quatro ameaças, duas ofertas, duas promessas, um elogio, duas expressões de forte emoção de ódio e cinco expressões de forte emoção de raiva. A discussão dos actos de ameaça facial negativa e as suas implicações serão explicadas da seguinte forma:

4.1.1 Encomendar

Contexto: na Câmara Municipal de Manduraharja, Astrajingga, que está a assistir ao concurso Dewi Kunti, é interpelado por um agente de segurança que lhe ordena que não assista, porque não lhe é permitido. (11/SDK/PAKEM)

Patugas : *Eh, Sampeyan kumawani asup ka ieu, na teu nyaho plang di hareup* Eh, Como te atreves a entrar aqui, não sabes que o aviso em frente *dilarang masuk.* não entrar.

Ngenah we lalajo di dieuyeuh, budak mana ieu?

Gostas de ver aqui, não gostas, quem és tu?

Astrajingga : *Alah punten we kulan, punten.*

Desculpe, senhor, desculpe.

Patugas : *Hay oh nyingkah!*
Saiam daqui!
Astrajingga : *Punten.*
Peço desculpa.
Patugas : *Hayoh indit, lain punten, punten!*
Vai, não pede desculpa, pede desculpa!
Astrajingga : *Assalamualaikum.*
Assalamualaikum.
Petugas : *Indit!*
Vai!
Astrajingga : *Har lain Islam meureun.*
Parece que ele não é muçulmano.
Allahu Akbar.
Deus é grande.

Os dados do diálogo entre Patugas e Astrajingga mostram um ato negativo de ameaça facial. Patugas ameaça a cara de Astrajingga porque Patugas dá uma ordem a Astrajingga para não assistir ao concurso Dewi Kunti numa Câmara Municipal. A ordem é marcada por uma declaração de *Hayoh nyingkah* "Afasta-te" de Patugas para Astrajingga. Patugas, que é responsável pela segurança da Câmara Municipal de Manduraharja, quer que Astrajingga se vá embora e não assista ao concurso Dewi Kunti na Câmara Municipal. A ordem é uma restrição à liberdade pessoal de Astrajingga.

A implicação do ato de ameaça facial negativa de Patugas (oficial de segurança) no concurso Dewi Kunti é que Astrajingga não obedece às ordens de Patugas. Astrajingga faz uma recusa indireta através de um pedido de desculpas, de uma saudação e, quando a sua saudação não é respondida, Astrajingga diz "talvez o agente de segurança não seja muçulmano e *exclama Allahu Akbar* 'Deus é grande'".

Astrajingga está classificado na classe de servente em wayang golek. Tem uma personalidade que lhe permite fazer piadas, mesmo que por vezes seja irritante com as suas piadas. É insolente, mal-educado, sem artifícios, engraçado, mas é honesto, gosta de se rebelar e de ser contra. Não é fácil obedecer ou acreditar nos conselhos das pessoas e tem poder divino (Topani, 2013: 139).

4.1.2 Pedido

Contexto: Kala Nurgeni propõe um pedido a Arjuna para obter Semar Badranaya, que será um presente de oferenda no seu país. (02/SSJ/PAKEM)

Kala Nurgeni: *Tab kitu kaula dongkap ka dieu teh bade meredih, menta tulung ka* I come here to beg you, ask help to
salira nu kakasih Arjuna. tu cujo nome é Arjuna.

Da gening Semar teh tar a teubih ti Arjuna, bade disuhunkeun eta
Semar is always with you Arjuna, I will request to have
Semar Badranaya.
Semar Badranaya.

Semar *: Jang kumaha dewek.*
E quanto a mim, meu filho?

Astrajingga : *Ciclismo, ciclismo!*
Cala-te, cala-te!

Arjuna *: Jadi menta Semar Badranaya?*
Então, pede para ter o Semar Badranaya?

Kala Nurgeni: *Leres.*
É isso mesmo.

Arjuna *: Kumaha lamun digentian we ku sato, reksapi, embe hideung,* Como é que se muda de animal, queres vaca, cabra preta,
atawa hay am camani.
ou frango camani.

Kala Nurgeni: *Teu ieu mah tetep ku jelema hideung, teu ku hayam hideung.*
Não, tem de ser do negro, não é uma galinha preta.

Os dados do diálogo entre Kala Nurgeni, Semar, Arjuna e Astrajingga mostram um ato negativo de ameaça à face. Kala Nurgeni ameaça a cara de Arjuna por este ter pedido a Semar Badranaya. O pedido é marcado por um verbo passivo de *disuhunkeun* "pediu" na expressão *"Da geuning Semar teh tara teubih ti Arjuna, bade disuhunkeun eta Semar Badranaya* 'Semar está sempre contigo Arjuna, vou pedir para ter Semar Badranaya'. Kala Nurgeni quer que Arjuna cumpra o seu pedido de ter Semar Badranaya. O pedido de Kala Nurgeni é uma restrição à liberdade pessoal de Arjuna.

O facto de Kala Nurgeni ter feito uma ameaça com a sua cara negativa implica que Arjuna não satisfaça o pedido de Kala Nurgeni. Arjuna oferece uma opção de animal alternativo. Neste caso, Arjuna recusa o pedido de Kala Nurgeni. A recusa de Arjuna a Kala Nurgeni é visível na expressão *Kumaha lamun digentian we ku sato, rek sapi, embe hideung, atawa hayam camani* How if it is changed by animal, do you want cow, black goat, or camani chicken'.

Arjuna é a terceira pessoa em *Padawa Lima.* É frequentemente chamado *Panengah Pandawa* e é filho do rei Pandu Dewanata. Tem uma personalidade de carácter nobre e misericordioso. É uma alma de cavaleiro, corajoso, inteligente, calmo, cuidadoso, educado e gosta de proteger os fracos (Kapalaye, 2010: 54-70).

Kala Nurgeni é um deus ou um génio gigante mítico que tem uma postura alta e grande do estado de Guha Selabintara. É governador do rei de Wijanaka. Pretende pedir a Semar Badranaya que seja uma oferenda no seu país para evitar qualquer tipo de desastre e para que o seu país se torne seguro.

4.1.3 Sugestão

Contexto: Astrajingga e Dawala competem para se tornarem reis em Swarga Maniloka. Semar sugere-lhes que prendam a respiração durante cinco minutos. Quem for o mais forte a prender a respiração tornar-se-á rei. (07/SSJ/PAKEM)

Astrajingga : *Eeeeehhhhhh, ah dewekjadi raja ah, silaing Narada.*
Eeeeehhhhhh, eu sou o rei, tu és o Narada.

Dawala *: Kuring raja mah.*
Eu sou o rei.

Astrajingga : *Dewek, sia dicacag ku aing.*
Eu estou, eu corto-te.
Eeeeehhhhhh, ngadagoan ambek wae sia mah.
Eeeeehhhhhh, espera só pela minha raiva.

Semar *: Cacak teu ngamodal meni parebut kitu.*
Não é preciso não gastar nada, é preciso disputar para se tornar um rei.
Kieu we atuh ambeh add mah.
Isto é para vos tornar justos.

Astrajingga : *Naon?*
O quê?

Semar *: Sok mepeg bayu tea, ulah ngarenghap lima menit.*
Não respira, não respira durante cinco minutos.
Saha nu kuat teu ngarenghap lima menit, eta nu pang heulana
Aquele que não aguenta respirar durante cinco minutos, esse é aquele que
abus ka Batara Guru.
vir primeiro para o corpo do Batara Guru.

Astrajingga : *Siap, heuh.*
Sim, pronto.

Os dados do diálogo entre Astrajingga, Dawala e Semar mostram um ato negativo de ameaça facial. Semar ameaça Astrajingga e Dawala por ter dado uma sugestão a Astrajingga e Dawala para não competirem pelo direito de se tornarem reis em Swarga Maniloka. A sugestão de Semar é expressa implicitamente na afirmação de *Kieu we atuh ambel add mah* 'Isto é para vos tornar justos' e continua na afirmação de Semar *Sok mepeg bayu tea, ulah ngarenghap lima menit.*
Saha nu kuat teu ngarenghap lima menit, eta nu pangheulana abus ka Batara Guru 'Tu não respiras, não respiras durante cinco minutos. Aquele que aguentar respirar durante cinco minutos, esse é o primeiro a chegar ao corpo do Batara Guru". Semar espera que Astrajingga e Dawala cumpram a sua sugestão de se tornarem reis em Swarga Maniloka, susterem a respiração durante cinco minutos.

A implicação dos actos de ameaça negativa de Semar é que Astrajingga aprova o que o seu pai, Semar, sugeriu. Ele aceita o que Semar sugeriu na expressão *Siap, heuh* 'Sim, pronto'.

Semar Badranaya é classificado como figura de *punakawan* (uma classe de servos) no wayang golek como zelador e conselheiro dos cavaleiros. Semar é uma figura de marionetas criada por um poeta local, mas a sua supremacia é equiparada à do rei Kresna. Semar tem três filhos, que na marioneta sundanesa são Astrajingga ou Cepot, Dawala e Gareng (Kapalaye, 2010: 311).

Como criado, Semar é sempre leal ao seu senhor. Tem uma personalidade sábia e sugere sempre uma gentileza e uma prioridade para alcançar a vida, preocupa-se com algo, proíbe, reza e tem muitas sugestões, bem como um conselho dado na vida (Topani, 2013: 136).

Dawala é uma classe de criados que é descrita como tendo um nariz pontiagudo e uma cara limpa. Dawala é filho de Semar Badranaya. Tem um carácter honesto, defende sempre a verdade e é leal ao seu senhor (Yasasusastra, 2011: 42).

4.1.4 Aconselhamento

Contexto: Hyang Adipati dá conselhos a Batara Kala porque é que ele não pode consumir humanos apesar de ser apenas um demónio humano. (21/TRS/PAKEM)

Hyang Adipati: Lembra-te Kala, o mau e o bom foram criados por *kagungan urang hartina geus disaimbangkeun ieu dunya.* o nosso Deus que significa que este mundo foi equilibrado .

Batara Kala : *Leres.*

É isso mesmo.

O que é que o Bapa te disse?

Talvez não concorde que existe um demónio humano, Senhor?

Hyang Adipati: *Dina teu satujuna Bapa lain ngandung harti kudu diala*

Para discordar de mim, isso não significa que se tenha de tomar

nyawana, kudu dipetik patina. a vida humana, tem de morrer.

Lain kudu dimusnahkeun, tapi disadiakeun wadahna pikeun Não tem de ser destruído, mas proporciona um lugar para

ngawarah manehna supaya balik deui pikirna. educar o demónio humano para se tornar um homem bom.

Hartina Ama mere kesempetan keneh eta ka jalma sugan, Significa que ainda dou uma oportunidade ao diabo do ser humano, provavelmente

Manehna tobat, entong boro urang salaku pamarentahan para se arrepender, não somos nós como governo num país, *di nagara, Pangeran oge pan geus nyadiakeun Sawarga* num país, Deus providenciou o céu

jeung Naraka. e o inferno.

Jadi hartina, teu kudu dihukuman ku urang.

Portanto, isso significa que não deve ser punido por nós.

Sabab naon, Pangeran oge geus mere kasempetan eta ka jalma

Porque é que Deus deu uma oportunidade ao diabo humano

pikeun husnul hotimah alus katungtungnakeun. ter de volta para sempre no fim.

Apan anjeunana mah maha dina sagalana, maha bijaksana, Deus é o maior, a maior sabedoria,

maha welas, maha asih, dalah pamarentahan di nagara oge, misericordioso, mesmo um governo num país,

di hiji nagara henteu langsung dipaehan ari teu teuing-teuing mah num país não é morto diretamente se o diabo do homem não está a receber

eta jelema jahat teh.

pior de facto.

Dina ngahukumannana oge, kudu ngaliwatan hiji saksi, dua

Ao aplicar um castigo, temos também de passar pelo primeiro testemunho, pelo segundo

bukti, tilu pengakuan, teu sagawayah ujug-ujug dihukuman. uma prova, terceira confissão, não é apenas punida.

Sing inget, Ama geus nurunkeun dalang Kandabuana baheula Lembra-te, eu entreguei um titereiro de Kandabuana

nyaritakeun pagelaran wayang. contar wayang mostrar.

Batara Kala : *lya.*

Sim, senhor.

Os dados do diálogo entre Hyang Adipati e Batara Kala mostram um ato negativo de ameaça facial. Hyang Adipati ameaça a cara de Batara Kala porque dá conselhos a Batara Kala. O conselho não é expresso de forma explícita, mas está contido nas palavras de Hyang Adipati dirigidas a Batara Kala. Hyang Adipati aconselha Batara Kala a não dar permissão para consumir seres humanos, apesar de ser um demónio humano, apenas com uma boa razão que possa ser aceite por Batara Kala. Hyang Adipati espera que Batara Kala cumpra o seu conselho, não consumindo o demónio humano.

A implicação do ato de ameaça facial negativa de Hyang Adipati é que Batara Kala aprova o que Hyang Adipati aconselhou. Neste caso, Batara Kala aceita o que Hyang Adipati aconselhou na expressão "*lya* Tya".

Hyang Adipati ou o seu nome completo Hyang Adipati Jagat Nata ou é conhecido pelo nome de Sangyang Tunggal é um deus que se tornou uma autoridade em três naturezas *(Tribuana/Triloka).* Tem um carácter de justiça e uma personalidade sábia na liderança, dá prioridade a um problema importante a resolver e sugere sempre a bondade (Topani, 2013).

Batara Kala é um deus que tem a forma de um gigante com uma cara assustadora e é quase não como um deus. Tem uma personalidade má, como uma personagem gigante. Comete frequentemente erros devido à sua estupidez e gosta de matar outras criaturas para seu prazer, mas é apenas para cumprir a sua vida. É o símbolo da crueldade (Yasasusastra, 2011: 52-53).

4.1.5 Ameaça

Contexto: Batara Guru ameaça Prabu Wijanaka de que vai usar
O charme de Kemayan para se enfraquecer. (08/SSJ/PAKEM)

Batara Guru *: Kurang ajar! Aing sabenerna mah Batara Guru mah Kunyuk!* Raios partam! Na verdade, eu sou o Batara Guru Idiota!

Kala Nurgeni: *Hahahahahahah, lalawora sia ngomong the!* Hahahahahahah, cuidado com a boca!

Batara Guru : *Rasakeun aing make aji Kemayan, bakal dibere aji Kemayan* Just feel it I am using Kemayan charm, you
bakal leuleus, leuleus Hr kapuk ka ibunan kapas ka hujanan. serão fracos, não têm poder nenhum.
Ka dieu sia! ka dieu sia! ka dieu! bakal leuleus maneh Vem cá! tu vens cá! vem cá! serás fraco
di handapeun leungen aing. na minha mão.

Kala Nurgeni: *Pek, . . . pek, . . . pek, . . . sok ari bis a mah pek bae.*
Força,... força,... força,... se puderes, fá-lo.
(Maca aji Kemayan) Modar sia!
(Lendo o amuleto de Kemayan) És a morte!

Os dados do diálogo entre Batara Guru e Kala Nurgeni mostram um ato negativo de ameaça à face. Batara Guru ameaça a cara de Kala Nurgeni com o seu charme Kemayan. A ameaça de Batara Guru a Kala Nurgeni é visível na sua afirmação *Rasakeun aing make aji Kemayan, bakal dibere aji Kemayan bakal leuleus Hr kapuk ka ibunan kapas ka hujanan. Ka dieu sia! ka dieu sia! ka dieu! bakal leuleus maneh di handapeun leungen aing* 'Apenas sente que eu estou a usar o Kemayan chram, Tu serás fraco, não terás qualquer poder. Vem cá!" Vem cá! Vem cá! Ficarás fraco na minha mão.

A implicação do ato de ameaça facial negativa de Batara Guru a Kala Nurgeni é que há um desafio de Kala Nurgeni a Batara Guru na expressão *Pek, . . pek, . . pek, . . . sok ari bisa mah pek bae* 'Pek, . . pek, . . . pek, . . . se puderes, fá-lo'. Além disso,

Kala Nurgeni ameaça Batara Guru com a expressão *(Maca aji Kemayan) Modar sia!* Tu és a morte".

Batara Guru é um deus que tem um corpo bem constituído, forte mas tem defeitos físicos, um pescoço manchado, e pés fracos, tem presas, e tem quatro mãos. Tem uma postura firme e arrogante. Batara Guru tem um poder divino e pode transformar-se em humano, tentando Pandawa e Semar, mas acaba sempre por perder (Yasasusastra, 2011:28- 29).

4.1.6 Oferta

Contexto: Kala Nurgeni oferece-se para comprar Semar a Arjuna. O semar será um presente de oferenda no país de Kala Nurgeni. (03/SSJ/PAKEM).

Kala Nurgeni: *Kumaha lamun dibeli?*
O que é que acham se eu o comprar?

Arjuna *: Tong boro hingga dibeuli, tong boro hingga dipenta, sanajan* Se queres comprar, se queres pedir, mesmo que queiras
ditukeran ku nagara oge, moal bisa. mudá-lo com um país, não pode ser.

Kala Nurgeni: *Ke, ke, naha nepi ka teu dibikeun kitu?*
Espera, espera, porque é que não lhe queres dar?

Arjuna *: Kaula salaku pamingpin mingpin rayat.*
Eu sou o líder que lidera o povo.
Kaula janji dina waktu diistrennan, dina waktu dilantik kaula Prometi quando fui nomeado, empossado para
jadi pimpinan daerah teh, toh pati jiwa raga heug nyawa ka dieukeun ser um líder local, estou disposto a sacrificar a minha vida
demi kasalametan nagara jeung bangsa kaula. para a segurança do nosso Estado e da nossa nação.

Os dados do diálogo entre Kala Nurgeni e Arjuna revelam um ato negativo de ameaça à face. Kala Nurgeni ameaça a face de Arjuna porque pressiona Arjuna a aceitar a sua oferta. Oferece a Arjuna a compra de Semar com a expressão *Kumaha lamun dibeli?* O que é que achas se eu o comprar? Kala Nurgeni quer que Arjuna se comprometa a aceitar a sua oferta de compra de Semar, mas Arjuna rejeita-a.

A implicação do ato de ameaça negativa de Kala Nurgeni a Arjuna é que Arjuna não aceita a oferta de Kala Nurgeni para comprar Semar. Arjuna recusa a oferta de Kala Nurgeni ao proferir *Tong boro hingga dibeuli, tong boro hingga dipenta, sanajan ditukeran ku nagara oge, moal bisa* Se queres comprar, se queres pedir, mesmo que queiras trocá-lo por um país, não podes ser".

4.1.7 Promessa

Contexto: Na arena do concurso Dewi Kunti, Narasoma promete dar à sua irmã Dewi

Madrim e Dewi Kunti se Pandu o perder.
(18/SDK/PAKEM)

Arya Prabu : *Upami salira, Pandu ngelehkeun ieu Narasoma, dina harti bakal* Se tu, Pandu, perderes Narasoma, isso significa que vais
kenging Kunti Nalibrata sareng ditambihan ku rayina kakasih have Kunti Nalibrata and his sister whose name is
Dewi Madrim.
Dewi Madrim.

Narasoma *: Tah, titatadi kelat-kelet wae ka adi kaula, dibikeun sok eleh kaula, pek.*
Prestaste especial atenção à minha irmã, TH dá-lhe se eu perder.

Arya Prabu : *Ngarti Sampean?*
Entendido?

Pandu *: Mudah-mudahan we, ari jangji mah moal.*
Espero que sim, mas não prometo.

Os dados do diálogo entre Arya Prabu, Narasoma e Pandu mostram um ato negativo de ameaça à face. Narasoma ameaça a face de Pandu porque promete dar Dewi Madrim e Dewi Kunti se Pandu o perder. A promessa está contida na frase de Narasoma *Tah, titatadi kelat-kelet wae ka adi kaula, dibikeun sok eleh kaula, pek* 'Prestaste uma atenção especial à minha irmã, eu dou-a se perder'. Narasoma compromete-se a dar a Pandu a sua irmã, Dewi Madrim, e também Dewi Kunti.

A implicação do ato de ameaça negativa de Narasoma a Pandu é que Pandu aceita o que Narasoma prometeu. Mas Pandu não dá a sua palavra de que será capaz de perder Narasoma ao proferir *Mudah-mudahan we, ari jangji mah moal* T hope so, I won't promise'.

Narasoma é filho do rei Mandrapati, um rei do reino de Mandaraka que tem um carácter arrogante, fala muito e é esperto. Mas tem um lado bom que é o de dar um presente, manter as suas palavras e fazer meditação (Yasasusastra, 2011:181).

4.1.8 Elogio

Contexto: Pandu envolve-se numa conversa com Dewi Madrim. Dewi Madrim faz um elogio ao dizer que Pandu tem um bom nome. (12/SDK/PAKEM)

Dewi Madrim: *Dupi kakasih teh saha?*
O teu nome?

Pandu *: Kaula teh Pandu.*
Eu sou Pandu.

Dewi Madrim: *Duh mani sae namina.*
É um bom nome.

Pandu *: Linggih teh ti mana?*

Onde é que vive?

Dewi Madrim: *Kaula ti Mandaraka.*

Eu venho de Mandaraka.

Pandu : *Mandaraka?*

Mandaraka?

Os dados do diálogo entre Dewi Madrim e Pandu mostram um ato negativo de ameaça à face. Dewi Madrim ameaça a face de Pandu porque faz um elogio ao dizer que Pandu tem um bom nome na expressão *Duh mani sae namina* 'That's a good name'.

A implicação de um ato negativo de ameaça de Dewi Madrim a Pandu é que Pandu não se importa com o elogio de Dewi Mandrim. Além disso, Pandu pergunta onde vive Dewi Madrim na expressão *Linggih teh ti mana?* Onde é que tu vives?

Pandu Dewanata está classificado no grupo da classe dos reis. É um rei de Hastinapura com o seu título de nobreza Prabu Pandu Dewanata. Na história do concurso de Dewi Kunti, ele ainda não se tornou rei. É um herdeiro do reino de Hastinapura. Tem um carácter de personalidade, gosta de meditar, vive com modéstia e defende sempre a verdade (Yasasusastra, 2011: 140). É um bom arqueiro, bonito e corajoso, liderando o exército de Destarata para conquistar a área de Dasarna, Kashi, Anga, Wanga, Kalinga, Magadha, etc. Pandu é filho de Prabu Byasa e o pai de Pandawa é Yudistira, Bima, Arjuna, Nakula e Sadewa (Kapalaye, 2010: 268-269).

Dewi Madrim é filha do rei Mandrapati, do reino de Mandaraka. Ela tem um irmão, Narasoma, que, quando se tornou rei de Mandaraka, passou a chamar-se Prabu Salya. Dewi Madrim tem um carácter de misericórdia, lealdade e paciência. Ela ama muito o seu irmão Narasoma e está disposta a acompanhar o seu irmão em viagem até chegarem a Mandura. Narasoma participa no concurso para encontrar um parceiro para o casamento de Dewi Kunti, levado a cabo pelo rei Basukunti (Sudjarwo, etl, 2013: 856).

4.1.9 Expressão de emoções fortes de ódio

Contexto: Astrajingga tenta dissuadir Pandu de lutar com Denawa. Isso faz com que Denawa se enerve e, finalmente, exprima a sua forte emoção de ódio contra Astrajingga. (10/SDK/PAKEM)

Pandu : *Pote de Haling!*

Afasta-te Pot!

Doana, bejakeun ka Bapa maneh!

Dizei ao vosso pai!

Astrajingga : *Sawios atuh ku abdi urang.*

Deixem-me enfrentá-lo.

Pandu : *Apan loba, kade sing ati-ati!*

São muitos, cuidado!

Jaga ti tukang bisi aya nu ngabongohan ka kaula!
Cuidado com as minhas costas, tenho medo que alguém me ataque!

Astrajingga : *Siap.*
Sim, senhor.

Denawa *: Naon sia nenjo wae ka aing, sia Kunyuk?*
Porque continuas a olhar para mim, filho da puta?

Astrajingga *: Ka abdikeun we lah, dagor ku abdi (maju ke hareup.).*
Dá-mo, eu bato-lhe (avança).

Pandu *: Nyingkah!*
Saiam daqui!

Denawa *'.Nyingkah Koplok (bari maju ka hareup nakol sirah Astrajingga)* You get away Sonofabitch (avança e bate na cabeça de Astrajingga).

Os dados do diálogo entre Pandu, Astrajingga e Denawa mostram um ato negativo de ameaça facial. Denawa ameaça a cara de Astrajingga porque Astrajingga tenta dissuadir Pandu de lutar com ele. Denawa exprime a sua forte emoção de ódio contra Astrajingga na frase *Naon sia nenjo wae ka aing, sia Kunyuk?* Porque continuas a olhar para mim, filho da mãe'? O ódio de Denawa está finalmente a tornar-se forte por causa da ação de Astrajingga que continua a dissuadir Denawa de lutar com Pandu na frase *Nyingkah Koplok (bari maju ka hareup nakol sirah Astrajingga)* 'Tu afasta-te, filho da mãe (avança e bate na cabeça de Astrajingga).

A implicação do ato negativo de ameaça de Denawa a Astrajingga é que Astrajingga não se importa com o ódio de Denawa. Astrajingga chega mesmo a tocar em Denawa na frase *Ka abdikeun we lah, dagor ku abdi (maju ka hareup)* 'Dá-mo, eu bato-lhe (avança)'.

Denawa é um gigante que se tornou um ladrão e gosta de ficar com a riqueza das pessoas que passam pelas regiões sob a sua autoridade. Denawa e o seu bando fazem de tudo para alcançar os seus objectivos, forçando e ameaçando.

4.1.10 Expressão de uma emoção forte de raiva

Contexto: Astrajingga exprime a sua forte emoção de raiva em relação a Dawala porque Dawala pensa que Astrajingga será um presente de oferta para o país de KalaNurgeni. (01/SSJ/PAKEM)

Kala Nurgeni: *Tah kaula teh hasil narekahanana, sang narendra bisa nagara* Isso é uma tentativa, para fazer o meu país
kaula waluya tapi kudu ditumbalan ku jelema. seguro mas tem de ser um presente de oferta humana.
Di Alun-alun teh kudu mencit jelema, diruang, geutihna dipake
Numa Câmara Municipal tem que matar humano, enterrado, o seu sangue usa

ngulas-ngales ka Karaton.
para manchar o Palácio.
Semar *: Ehm, . . na asa kararееung teiung nya.*
Ehm, . . . Estou tão assustada.
Dawala *: Ari pek teh ku Astrajingga.*
Será por Astrajingga.
Astrajingga : *Dibanting sia ku aing.*
Eu bato-te.
Ngomong teh ka mana karep, keur parias kieu teh Jurig.
Fala, estou a ficar pálido, idiota.
Dawala *: (dicing, teu lemek teu nyarek)* (Silencioso, não diz nenhuma palavra)

Os dados do diálogo entre Kala Nurgeni, Semar, Dawala e Astrajingga mostram um ato negativo de ameaça facial. Dawala ameaça a cara de Astrajingga porque Dawala pensa que Astrajingga será uma prenda para oferecer.

Astrajingga exprime uma forte emoção de raiva contra Dawala na frase *Dibanting sia ku aing. Ngomong teh ka mana karep keur parias kieu teh Jurig* T slam you. Só falas, estou a ficar pálido, idiota".

A implicação do ato negativo de ameaça de Astrajingga a Dawala é o facto de Dawala ter a certeza da forte emoção de raiva que Astrajingga lhe demonstra.

4.2 Actos de ameaça à face positiva e suas implicações

Os actos positivos de ameaça à face que são discutidos são as expressões de desaprovação, crítica, desprezo, insulto, desafio, expressão de emoção violenta, irreverência, menção de tópicos tabu, trazer más notícias sobre o ouvinte, não cooperação flagrante na atividade de fazer não-sequências, e uso de termos de endereço de identificação marcada pelo estatuto no encontro inicial. No que diz respeito à constatação de um ato positivo de ameaça à face, a tabela mostra o seguinte:

Tabela 2. Actos positivos de ameaça à face

No	Positive Face Threatening Acts	(N)
1	Disapproval	4
2	Criticism	2
3	Contempt	2
4	Insult	1
5	Challenge	1
6	Expression of violent emotion	1
7	Irreverence, mention of taboo topic	1
8	Bringing of bad news about hearer	1
9	Blatant non-cooperation in activity of making non-sequiturs	2

10	Use of address terms of status-marked identification in initial encounter	1
	Total	16

A tabela 2 acima mostra a descoberta do ato de ameaça positiva à face, que consiste em quatro expressões de desaprovação, duas críticas, dois desacatos, um insulto, um desafio, uma expressão de emoção violenta, uma irreverência, a menção de um tópico tabu, uma má notícia sobre o ouvinte, duas expressões de não cooperação flagrante na atividade de fazer não-sequências e uma expressão de utilização de termos de endereço de identificação marcada pelo estatuto no encontro inicial. A discussão do ato positivo de ameaça à face será explicada da seguinte forma:

4.2.1 Reprovação

Contexto: Semar pede a Astrajingga para se tornar rei. Astrajingga desaprova-o devido à sua deficiência. (06/SSJ/PAKEM)

Semar *: Tah di dieu, Karajaan ku maneh pake, maneh jadi raja, raja* Aqui, o Reino para ti, tu tornas-te um rei, o rei de *dwiloka, raja nu ngarajaan raja.* duas naturezas, o rei que governa o rei.

Tah dewa-dewa ge bakal sujud ka maneh.

Os deuses prostrar-se-ão perante vós.

Astrajingga : *Aduh, tong sok kitu, eta teh mamatahan teu baleg.*

O quê, não faças isso, ensinas o que é mau.

Semar *: Naon teh?*

O que é que se passa?

Astrajingga : *Nya, Bapa.*

Sim, senhor.

Lamun nitah, kudu ka ahlina.

Se der uma ordem, esta deve ser dada a um perito.

Lamun nitah ka lain ahli, tunggu karuksakannana.

Se der uma ordem não a um perito, espere um pouco.

Os dados do diálogo entre Semar e Astrajingga mostram um ato de ameaça à face positiva. A face positiva de Semar é ameaçada porque Astrajingga declara a Semar a sua desaprovação em relação a tornar-se rei na expressão *Aduh, tong sok kitu eta teh mamatahan teu baleg* 'O quê, não faças isso, ensinas a coisa má'. Astrajingga não quer ser rei como Semar quer.

A implicação de um ato positivo de ameaça facial de Astrajingga a Semar, ou seja, há uma confirmação de Semar sobre a sua desaprovação de se tornar rei em Swarga Maniloka. Isto pode ser visto na expressão de *Naon teh?* "O que é?

4.2.2 Crítica

Contexto: Semar dá uma ordem a Astrajingga e Dawala para se tornarem reis e substituírem Batara Guru e Narada. Dawala é incapaz de se tornar rei e critica Semar. (37/DRJ/SEMPALAN)

Semar *: Sok Jang tuluykeun jadi raja, eusian langsung wujud silaing abus jadi* Vá lá, tu tornas-te um rei, o teu corpo vem diretamente para ser *raja saurang jadi wakilna heug jadi Narada, malahan silaing teh jadi* um rei um de vós torna-se Narada, tu tornas-te um rei de *raja di raja raja nu ngarajaan raja, deuleu Jang.* do rei o rei que governa rei, meu Filho.

Astrajingga : *Aya kitu, siaplah Pa.* Uau, estou pronto, Senhor.

Semar *: Dawala?*

Dawala?

Dawala *: Pa, sing isin ku katerangan ayat-ayat Allah.*

Senhor, deve estar envergonhado com a observação do verso do Corão.

Semar *: Naon?*

O quê?

Dawala *: Kudu dipikir dibolak-balik, dipapay dirasa-rasa, bisi belengkung* Ya deve ser repensado, reconsiderado, não se arrepender no dia seguinte.

Da lain enteng-enteng jadi pamingpin teh, ieu saha nabi mah rek Não é fácil ser um líder, o profeta que vai *dijadikeun raja, rek dijadikeun pamingpin, disebutna ge musibah.* tornar-se um rei, tornar-se-á um líder, chamado como um desastre.

Astrajingga : *Hihihihihihhhh, . . heueuh era aing dikitukeun mah euy.* Hihihihihhhh, . . sim, sou tímido para ouvir o que estás a dizer.

Semar *: Tah ayeuna mah sementara, sok jadi pamingpin di dieu wayahna!* É temporário, vamos lá, torna-te um líder, aqui tens de ser!

Os dados do diálogo entre Semar, Astrajingga e Dawala mostram um ato de ameaça à face positiva. A face positiva de Semar é ameaçada porque Dawala critica Semar pelo facto de ele não ser capaz de se tornar um rei para substituir Batara Guru ou Narada na frase *Pa, sing isin ku katerangan ayat-ayat Allah* 'Senhor, deves ter vergonha do comentário do versículo do Corão' e a sua crítica posterior a Semar *Kudu dipikir dibolak- balik, dipapay dirasa-rasa, bisi belengkung Idas ar eng. Da lain enteng-enteng jadi pamingpin teh, ieu saha nabi mah rek dijadikeun raja, rek dijadikeun pamingpin, disebutna ge musibah* 'Ya must be rethink, reconsider, don't regret in the following day. Não é fácil ser um líder, o profeta que se tornará um rei, tornar-se-á um líder, chamado de desastre".

A implicação do ato de ameaça de face positiva de Dawala a Semar, ou seja, Semar continua a insistir que Dawala se torne um rei para substituir Batara Guru ou Narada, embora Dawala seja incapaz. É o que se depreende da declaração de *Tah ayeuna mah sementara sokJadipamingpin di dieu wayahna!* É temporário, vamos lá, torna-te um líder, aqui tens de estar!

3.2.3 Desprezo

Contexto: Narasoma subestima o seu adversário, Pandu, na arena do concurso Dewi Kunti. (17/SDK/PAKEM)

Narasoma *: Hehehehey, Pandu ngaran teh?*
Hehehehey, o teu nome é Pandu?

Pandu *: Leres.*
Sim, estou.

Narasoma *: Tarikan ngomong teh atuh!*
Falar mais alto!
Make urat saetik atawa dahar heula ka ditu
Utilize os seus músculos ou tome primeiro uma refeição.
Ngomong kamana karep kitu.
Fala como quiseres.

Arya Prabu : *Nya ieu mah rupina pikeun ngalaksanakeun, ieu we anu teu acan* Parece que sim, para aqueles que ainda não participam
ngiring sayembara, kitu rupina.
no concurso, isto é.
lue mah kageugeulan atanapi kasaean ti Saderek Narasoma, kawijakan
Esta é uma bondade de Narasoma, uma sabedoria
ti Narasoma.
de Narasoma.

Pandu *: Nya rupina bade ngereyeuh nós.*
Sim, parece que quero lutar

Narasoma *: Oh, kitu?*
Oh, queres?

Pandu *: Leres.*
É isso mesmo.

Os dados do diálogo entre Narasoma, Pandu e Arya Prabu mostram um ato de ameaça à face positiva. A face positiva de Pandu é ameaçada porque Narasoma declara o seu desprezo a Pandu, dizendo *Tarikan ngomong teh atuh. Make urat saetik atawa dahar heula ka ditu. Ngomong kamana karep kitu* 'Fala mais alto! Usa os teus músculos ou come primeiro. Fala tu, como quiseres". Narasoma não gosta das caraterísticas pessoais de Pandu.

A implicação do ato positivo de ameaça facial de Narasoma a Pandu, ou seja, Pandu não se ofende e continua a querer lutar com Narasoma na arena do concurso Dewi Kunti. É o que demonstra a expressão *Nya rupina bade ngereyeuh we* 'Sim, parece que quero lutar'.

Bambang Soda ou Basudewa é filho do rei Basukunti, rei de Mandura. Basudewa tem dois irmãos e uma irmã. São eles Arya Prabu Rukmana, Arya Ugrasena e Dewi Kunti. Basudewa é um perito militar, bom a disparar uma seta e um dardo. É capaz de fazer meditação e rezar. Também conhece as coisas misteriosas (Yasasusastra, 2011:118).

3.2.4 Desafio

Contexto: Semar desafia a sua mulher, Siti Ragen, a saber quanto ouro será dado ao seu filho, Cepot. (44/CRI/SEMPALAN)

Semar *: Bisi teu apal, Sawarga teh nu dewek.*
Se não sabes, o céu é meu.
Canta inget, ieu Sawarga teh diukurkeun jeung dunya, ieu tah dunya,
Lembra-te, este céu é medido pelo mundo, este mundo, *ieu bumi.* a terra.

Siti Ragen *: Leres.*
É isso mesmo.

Semar *: Hayang naon?*
O que é que quer?
Si Cepot, tong boro make jeung hayang ka manusa nu aya di dunya,
Cepot não quer apenas uma mulher neste mundo,
ele quer o anjo, eu só levo um.
Saton Emma teh, rek mawa emas teh?
Uma tonelada Emma, trazes o ouro?
Ahhhh, hahhahhahhahhah,...leutik.
Ahhhh, hahhahhahhahhah... nada.
Hayang sabaraha kontener emas? yeuh,
Quantos contentores de ouro queres?

Siti Ragen *: Ampuunnnn.*
Perdoa-me.

Os dados do diálogo entre Semar e Siti Ragen mostram um ato de ameaça à face positiva. A face positiva de Siti Ragen é ameaçada porque Semar lança o seu desafio a Siti Ragen dizendo *Hayang sabaraha kontener emas?* Quantos contentores de ouro queres? Semar pensa que Siti Ragen está enganado quanto ao seu amor pelo filho, Cepot.

A implicação do ato de ameaça facial positiva de Semar a Siti Ragen, ou seja, Siti Ragen não aceita um desafio ou ignora um desafio de Semar porque não se dá ao luxo de competir com um desafio de Semar. É o que mostra a expressão *de Ampuunnnn* "Perdoa-me.

3.2.5 Insulto

Contexto: Dorna pede a condição de Astrajingga usando o termo de tratamento Bagong.

Astrajingga é insultado pelo termo de tratamento. (24/TRS/PAKEM)

Dorna *: Cageur silaing Bagong?*

Estás bem, Bagong?

Astrajingga : *Emhhh, asa kasar di Sunda mah Bagong padahal di J aw a mah dewek*

Emhhh, Bagong é rude em sundanês, mesmo em Java eu sou

teh Bagong.

Bagong.

Dorna *: Euh, nuhun, nuhun, nuhun, nuhun, emmh,*

Euh, obrigado, obrigado, obrigado, obrigado, emmh,

Como é que o seu saco está cheio?

estás bem Bagong?

Astrajingga : *Alhamdullilah kitu ayeuna teh sehat abdi teh Ceugik.*

Graças a Deus que estou a ficar bom, Ceugik.

Dorna *: Ceudit naon ari aing?*

Que Ceudit sou eu?

Astrajingga : *Marukan ambeuk dewek nyebut Ceudit, puguh Ceugik.*

Achas que vou chamar-te Cuedit, é definitivamente Ceugik.

Os dados do diálogo entre Dorna e Astrajingga mostram um ato de ameaça à face positiva.

A face positiva de Astrajingga é ameaçada porque Dorna insulta Astrajingga chamando-lhe Bagong, utilizando o termo de destinatário Bagong na expressão *Cageur silaing Bagong* 'Are you fine Bagong'. Astrajingga não gosta do termo de destinatário de Dorna e sente-se insultado. A palavra *Bagong* em sundanês significa animal (porco). Mostra insulto para com Astrajingga porque Dorna pensa que Astrajingga é um animal.

A implicação de actos positivos de ameaça facial de Dorna a Astrajingga, ou seja, Astrajingga não aceita ser chamado *Bagong* e sente-se insultado pelo que Dorna disse. É o que mostra a expressão *Alhamdullilah kitu ayeuna teh sehat abdi teh Ceugik* 'Louvado seja Deus, estou a ficar bom, Ceugik'.

Dorna é um resi (título para ascetas em histórias de marionetas) que tem um carácter arrogante, cruel, fala muito, tem poder divino, é inteligente e perito em estratégia militar.

Devido aos seus poderes sobrenaturais e à sua perícia militar, acredita-se que Resi Dorna se tornou professor das crianças Pandawa e Kurawa. Na guerra de Bharatayuda, Dorna é nomeado para ser um grande Senapati (comandante-chefe) Kurawa (Topani, 2013: 43).

3.2.6 Expressão de emoções violentas

Contexto: Dorna é tramada por Semar por ter perdido o saco de Endong que ele queria. Isto faz com que a sua emoção se torne Semar e se torne incontrolável. (27/TRS/PAKEM)

Dorna : *Jadi, ieu teh dibikeun Mar?*
Então, dás-me a Mar?

Semar : *Sumuhun mangga.*
Sim, por favor.

Dorna : *Bawa ka ditu!*
Levem-no para lá!

Citra Yudha : *Bagja nu taya papadana.*
Estou muito feliz.

(Citra Yudha vai pegar no saco de Endong, mas de repente este voa para o céu)

Citra Yudha: *Weeeeeehhhhhhhh,*
Weeeeeehhhhhhhh,

Semar : *Na, ambuing-ambuing, naha Jang?*
Porquê, porque é que é o meu filho?

Dorna : *Entong naha-naha sia teh Koplok.*
Não digas porquê, porquê, filho da puta.
Sakira teu rido mah kurangajar, kamana karep we sia ngomong teh.
Se não queres, raios, fala como quiseres.
Rek ngaheureyan ka aing?
Queres brincar comigo?
Dek ngadu elmu ka aing?
Queres desafiar-me?

Semar : *Itu, itu, itu, itu, itu, Ujang naha ieu kajadian?*
Itu, itu, itu, itu, itu, meu filho, porque é que isto acontece?

Astrajingga : *Eta ku Bapa diheureyan?*
Porque é que o interpreta, Senhor?

Dorna : *Sok rek dibalikeun deui moal?*
Queres dar, não queres?

Semar : *Itu Ujang cilaka deui cu.*
Isso é um problema, meu filho.

Citra Yudha : *Hayoh-hayoh sia ka luar (bari ngagusur Semar ka luar).*
Tu sais (arrastando Semar para fora).

Semar : *Alah, adeuhhhhhhhhhhh (ngagorowok bangun nu nyeri).* Alah, adeuhhhhhhhhhhh (gritando dolorosamente).

Os dados do diálogo entre Doma, Semar e Citra Yudha mostram um ato de ameaça à face positiva. A face positiva de Semar é ameaçada porque se pensa que

Semar está a fazer de Dorna. Isso faz com que a emoção de Doma fique fora de controlo. O saco de Endong, que Doma quer de Semar, aparece de repente a voar para o céu e, nessa altura, será levado por Citra Yudha. Isso faz com que a emoção de Doma em relação a Semar se torne incontrolável. Doma não se preocupa com a face positiva de Semar. É o que mostra a sua declaração a Semar *Entong naha-naha sia teh Koplok. Sakira teu rido mah kurang ajar, kamana karep we sia ngomong teh. Rek ngaheureyan ka aing? Dek ngadu elmu ka aing?* Não digas porquê, porquê, filho da mãe. Se não queres, raios, fala tu, como quiseres. Queres brincar comigo? Queres desafiar-me?

A implicação de um ato ameaçador de face positiva de Doma para Semar, ou seja, Semar não acredita no que acontece. A sua descrença é demonstrada na expressão de *Itu, itu, itu, itu, itu, Ujang naha ieu kajadian?* Itu, itu, itu, itu, itu, meu filho, porque é que isto acontece? A implicação de que a emoção de Doma está mais fora de controlo faz com que Semar tenha mais medo. Isso é demonstrado na declaração de Semar aos seus filhos, Dawala dan Astrajingga *Itu Ujang cilaka deui cu* 'Isso é um problema, meu filho'.

Citra Yudha é filho do rei Destarata, o rei de Astina. É um Kurawa e o irmão mais novo de Duryudana. Tem um carácter inteligente, arrogante e firme.
Como estudante de Dorna, Citra Yudha é bom a fazer desporto militar, especialmente a jogar seta e javelin (Topani, 2013:101).

3.2.7 Irreverência, menção de um tema tabu

Contexto: Dawala afirma irreverência ao mencionar um tema tabu a Astrajingga que não é suposto ser mencionado.
(33/DJR/SEMPALAN)

Astrajingga : *Naon sia anu dua Dampa mah, tah nu hiji mah sanggelim.*
O que é que a avelã tem duas sementes, uma é o sanggelim.

Dawala *: Na kana siki kanyut eta mah?*
Porque é que diz testículos?

Astrajingga : *Na sia teh jorang?*
Porque é que se diz algo irreverente?

Dawala *: Ah da euweuh lemesna nu kitu mah.*
Ah, não existe um termo educado.
Matak dingaranan ge omongkeunneun.
É nomeado para dizer.

Astrajingga : *Na geuning taeun dingaranan teh diomongkeun ku sia.*
Isso é nomeado, mas é dito por si.

Dawala *: Taeun keur naon nyebut taeun teh?*
Para que é que fala nisso?

Astrajingga : *Heueuh taeun weh kitu, heuheummm.*

Sim, é só dizer, heuheummm.

Os dados do diálogo entre Astrajingga e Dawala mostram um ato de ameaça à face positiva. A face positiva de Astrajingga é ameaçada porque Dawala menciona um tema tabu a Astrajingga na sua expressão *Na kana siki kanyut eta mah?* "Porque dizes testículos? Mencionar o testículo é uma irreverência na cultura sundanesa, porque é um tabu falado. Isto é comprovado pela declaração de Astrajingga que pensa que Astrajingga é irreverente no enunciado *Na sia teh jorang?* Porque dizes algo irreverente? Parece que Dawala não valoriza os valores de Astrajingga e não teme o que Astrajingga teme.

A implicação do ato de ameaça facial positiva de Dawala a Astrajingga, ou seja, Astrajingga não concorda com o que Dawala disse no enunciado *Na sia teh jorang?* Porque dizes uma irreverência? A discordância de Astrajingga é também demonstrada na sua afirmação a Dawala *Na geuning taeun dingaranan teh diomongkeun ku sia* 'Isso tem nome mas é dito por ti' e *Heueuh taeun weh kitu, heuheummm* 'Sim, é só dizer, heuheummm'.

3.2.8 Transmissão de más notícias sobre o utilizador

Contexto: Kala Gunung quer que Semar se torne um presente para o seu país.
Semar será morto e enterrado numa Câmara Municipal.
(34/DJR/SEMPALAN)

Kala Gunung: *Kieu ieu teh kaula teh, gaduh nagara ngan eta di nagara teh keur* Isto é o que eu, tenho um país mas no meu país há *katarajang rupa-rupa kajadian.*
muitos tipos de eventos.
Bencana alam mah, longsor, kahuruan, lamun usum hujan banjir,
Catástrofe, deslizamento de terras, incêndio, inundação se a chuva vier.
uhhh rupa-rupa, pode sunami, pode gunung bitu. uhhh qualquer tipo, tsunami, erupção de vulcão.
Nya ieu teh ay a hiji paranormal nu ngabejaan.
Houve uma cartomante que me disse.

Semar : *Kumaha cenah?*
O que é que ele disse?

Kala Gunung: *Yen ieu teh cenah kudu ditumbalan ku Semar, Semar teh kudu* Ele disse que seria necessária uma oferta de Semar, Semar tinha de
diruang di ditu, tah rek dipaehan maksud teh.
se fosse enterrado ali, seria morto.
Tah ku hal sakitu, kumaha upami Cepot ieu tuang rama teh rek Therefore, Cepot How if your father will *dibeuli ku kaula.*
ser comprado por mim.

Cepot : *Alah kabeneran BUTUHDUIT ieu teh (bari maju ka hareup).*

Isso é bom, porque preciso de dinheiro (enquanto estou a avançar).

Cepot : *Adeuh, nepi ka dianggap domba Bapa aing.*

Adeuh, achas que o meu pai é uma ovelha.

Os dados do diálogo entre Kala Gunung, Semar e Cepot mostram um ato de ameaça à face positiva. A face positiva de Semar é ameaçada porque Kala Gunung traz más notícias sobre ele, que será uma oferenda no seu país, no enunciado *Yen ieu teh cenah kudu ditumbalan ku Semar, Semar teh kudu diruang di ditu, tah rek dipaehan maksud teh* 'Ele disse que Semar precisaria de uma oferenda, que Semar teria de ser enterrado lá, que seria morto'. Kala Gunung não se preocupa com os sentimentos de Semar.

A implicação do ato positivo de ameaça facial de Kala Gunung a Cepot, que é que Cepot está ofendido e zangado porque o seu pai, Semar, foi oferecido para ser comprado por Kala Gunung. A sua ofensa e raiva são demonstradas na expressão de *Alah kabeneran BUTUH DUIT ieu teh (bari maju ka hareup)* 'Isso é bom, preciso mesmo de dinheiro (enquanto avança)' e *Adeuh, nepi ka dianggap domba Bapa aing* 'Adeuh, pensas que o meu pai é uma ovelha'.

3.2.9 Não cooperação flagrante na atividade de constituição de fundos não patrimoniais

Contexto: Kala Gunung, Semar, Cepot e Dawala estão a conversar.

Cepot e Dawala fazem afirmações não sequenciais e não prestam atenção a Kala Gunung. (32/DJR/SEMPALAN)

Kala Gunung: *Ulah kaula dumongkap ka dieu teh teu ay a sanes, ka hiji hoyong* A minha intenção de vir aqui é, a primeira que quero é

hoyong kaula teh kaayaan di dieu.

conhecem a situação por cá.

Semar : *Sumuhun, dupi ka kasih teh?*

Sim, como é que se chama?

Kala Gunung: *Ngaran mah Kala Gunung.* O meu nome é Kala Gunung.

Cepot : *Euh, Kala Gunung deulue.*

Euh, ele é o Kala Gunung.

Dawala : *Ari gunung teh?*

E a montanha?

Cepot : *Muncang nu ngan hiji di jerona teh disebutna teh gunu.*

Está dentro da porca da vela que é apenas uma chamada porca.

Dawala : *Gendu atuh nu kitu mah.*

Isso é um berlinde.

Os dados do diálogo entre Kala Gunung, Semar, Cepot e Dawala mostram um ato de ameaça à face positiva. A face positiva de Kala Gunung é ameaçada porque Cepot e Dawala fazem afirmações não sequenciais. Não se preocupam com a face positiva de Kala Gunung e não cooperam numa conversa. Isso é demonstrado nas suas declarações, que começam com a afirmação de Dawala a Cepot *Ari gunung teh?* E a montanha? Depois, Cepot responde a Dawala *Muncang nu ngan hiji di jerona teh disebutna teh gunu* 'Está dentro da noz da vela que é apenas uma chamada noz'. Parece que só falam e não prestam atenção a Kala Gunung como seu convidado.

A implicação de actos de ameaça facial positiva de Cepot e Dawala para Kala Gunung, ou seja, Kala Gunung não quer saber do que Cepot e Dawala estão a falar.

3.2.10 Utilização de termos de endereço de identificação com marca de estado no encontro inicial

Contexto: Arya Prabu dá as boas-vindas a Narasoma, referindo-se a ele como um irmão.

Arya Prabu confunde-se com Narasoma numa ofensiva e isso faz com que Narasoma fique em vantagem. (13/SDK/PAKEM)

Arya Prabu : *Wilujeng tepang Saderek.*
Prazer em conhecer-te, irmão.

Narasoma *: Nuhun.*
Obrigado.
Ngomong Saderek kawas nu heeuh we dulur jeung kaula
Dizes Irmão como se eu fosse teu irmão
teu hir walahir kaula.
não existe qualquer relação de parentesco.

Arya Prabu : *Oh, hapunten we atuh.*
Oh, por favor, perdoa-me.
Kakasih teh?
O seu nome, por favor?

Narasoma *: Kapan sidikgeus aya dina catetan, make nanyakeun deui?*
Está claro na sua nota, porque é que me pergunta outra vez?

Os dados do diálogo entre Arya Prabu e Narasoma mostram um ato de ameaça à face positiva. A face positiva de Narasoma é ameaçada porque Arya Prabu se engana na identificação de Narasoma, marcada pelo estatuto, no encontro inicial. Arya Prabu cumprimenta Narasoma utilizando o termo *Saderek*, que significa "irmão", na expressão *Wilujeng tepang Saderek* "Prazer em conhecer-te, irmão". Narasoma é tratado por Arya Prabu no enunciado *Ngomong Saderek kawas nu heeuh we dulur jeung kaula teu hir walahir kaula* 'Dizes Irmão como se eu fosse teu irmão, não há qualquer relação de parentesco'.

A implicação de actos de ameaça facial positiva de Arya Prabu a Narasoma, ou seja, Narasoma é ofendido e confrontado com o uso do termo de identificação marcado pelo estatuto no encontro inicial, na expressão de *Ngomong Saderek kawas nu heeuh we dulur jeung kaula teu hir walahir kaula* 'Dizes irmão como se eu fosse teu irmão, não há relação de parentesco'.

CAPÍTULO 5

Conclusão

Com base na análise dos actos de ameaça à face e das suas implicações no Wayang Golek, as conclusões são as seguintes No que diz respeito aos actos de ameaça facial negativa, foram discutidas as expressões de ordem e pedido, sugestão, conselho, ameaça, oferta, promessa, elogio, expressão de forte emoção de ódio e raiva em relação ao ouvinte. A implicação do ato de ameaça facial negativa é a recusa, a aprovação, o desafio, a aceitação, a indiferença e a manutenção da certeza do destinatário em relação ao falante.

Actos positivos de ameaça à face que discutem as expressões de desaprovação, crítica, desprezo, insulto, desafio, expressão de emoção violenta, irreverência, menção de um tópico tabu, trazer más notícias sobre o ouvinte, não cooperação flagrante na atividade de fazer não-sequências e utilização de termos de endereço de identificação marcada pelo estatuto no encontro inicial. A implicação do ato de ameaça facial positiva é a confirmação, a força, a não ofensa, a ignorância, a inaceitabilidade, a incredulidade, a desaprovação, a ofensa e a indiferença.

CAPÍTULO 6

Referências

Austin, J.L. 1962. *How to Do Things with Words.* Oxford: Oxford University Press.

Brown, G e George Y. 1983. *Discourse Analysis (Análise do discurso).* Cambridge University Press.

Brown, P., & Stephen, C. L. 1987. *Politeness: some universals in language usage.* Cambridge: Cambridge University Press.

Hall, J.K. 2002. *Teaching and Researching Languange and Culture.* Edimburgo: Pearson Education Limited.

Halliday, M.A.K. e Ruqaiya H. 1989. *Language, Context, and Text: Aspects of language in a social-semiotic perspective (Aspectos da linguagem numa perspetiva sócio-semiótica).* Segunda edição. Oxford: Oxford University Press.

Kapalaye, K.A. 2010. *Kamus Pintar Wayang dari Versi India Hingga Pewayangan Jawa.* Jogjakarta: Laksana.

Kuning, B. L. 2011. *Atlas Tokoh-tokoh Wayang; dari Riwayat sampai Silsilahnya.* Yogyakarta: Narasi

Leech, G.N. 1983. *Principles of Pragmatics.* London: Longman.

Levinson, S. C. 1983. *Pragmatics.* London: Cambridge University Press.

Mey, J.L. 1996. *Pragmatics an Introduction.* Chambridge: Basil Blackwell.

Rusliana, I. 2002. *Wayang Wong Priangan Kajian mengenai Pertunjukan Dramatari Tradisional di Jawa Barat.* Bandung: Kiblat Buku Utama.

Searle, J.R. 1969. *Speech Acts: An Essay in the Philosophy of Language.* Cambridge: Cambridge University Press.

Sudaryanto. 1993. *Metode dan Aneka Teknik Analisis Bahasa, Pengantar Penelitian Wahana Kebudayaan Secara Linguistik.* Yogyakarta: Duta Wacana University Press.

Sudaryanto. 1992. *Metode Linguistik Ke Arah Memahami Metode Linguistik.* Yogyakarta: Gadjah Mada University Press.

Suganda, D. 2003. "Wacana Wayang Golek Purwa: Satu Kajian Reduksi dan Pragmatik". Disertasi. Bandung: Pascasarjana Universitas Padjadjaran.

Suganda, D. 2007. Pemanfaatan Konsep Muka *(Face)* dalam Wacana Wayang Golek: Analisis Pragmatik. *Humaniora, 19(3),* 248-260.

Sujarwo, Heru S, Sumari, dan Undung W. 2013. *Rupa & Karakter Wayang Purwa.* Cetakan Kedua. Jakarta: Kakilangit Kencana.

Sukmawan, R. 2014. Tindak Tutur Penolakan pada Pertunjukan Wayang Golek dalang Asep Sunandar Sunarya: Suatu Kajian Pragmatik. Tesis. Bandung: Pascasarjana Universitas Padjadjaran.

Sutopo. 2002. *Metode Penelitian Kualitatif.* Surakarta: Sebelas Maret University Press.

Tofani, M.A. 2013. *Mengenal Wayang Kulit Purwa Wujud, Karakter dan Kisahnya.* Surabaya: Pustaka Agung Harapan.

Verhaar, J.W.M. 1999. *Asas-asas Linguistik Umum.* Cetakan kedua. Yogyakarta: Gadjah Mada University Press.
Wijana, I D. P. 1996. *Dasar-Dasar Pragmatik.* Yogyakarta: Andi Offset.
Widdowson, H.G. 1978. *Teaching Language Communication.* Oxford: Oxford University Press.
Yasasusastra, J. S. 2011. *Mengenal Tokoh Pewayangan Biografi, Bentuk dan Perwawakannya.* Yogyakarta: Pustaka Mahardika.
Yule, G. 1996. *Pragmatics.* Londres: Oxford University Press.

MIX
Papier aus verantwortungsvollen Quellen
Paper from responsible sources
FSC® C105338

Printed by Books on Demand GmbH, Norderstedt / Germany